LOS PROBLEMAS ECONÓMICOS DEL SOCIALISMO EN LA U.R.S.S.

Iósif Stalin

Título: Los problemas económicos del socialismo en la U.R.S.S.
Autor: Iósif Vissariónovich Dzhugashvili, Stalin
Fecha de redacción: noviembre de 1951
Edición y portada: Miguel G. Macho

ÍNDICE

MOTIVOS DE STALIN

¿A qué motivos responde la redacción de esta obra?

1º *La poca educación económica de los cuadros y la necesidad de un manual de economía política.*

Stalin criticó en varias reuniones de los años 50 el insuficiente nivel en general de formación de los cuadros comunistas incluyendo teóricos y economistas, y no solamente aludía esta situación a los países donde los comunistas no estaban en el poder y tenían poca influencia, sino que se refería en particular a los países donde los partidos comunistas ejercían el poder, incluyendo a la Unión Soviética:

«Nuestros cuadros no tienen una educación económica profunda». (Iósif Vissariónovich Dzhugashvili, Stalin;

Actas de la discusión, 22 de febrero de 1950)

En el mismo sentido:

«Es necesario que nuestros cuadros tengan un profundo conocimiento de la teoría marxista». (Iósif Vissariónovich Dzhugashvili, Stalin; Actas de la discusión, 24 de abril de 1950)

Defendía que era necesario que dicha formación ideológica no se aprendiera de forma dogmática a través de terceros o a simple «golpe de citaciones», sino en base a un estudio más profundo y tomando las obras de los clásicos de primera mano. Decía que esta profunda educación era necesaria ya que de otra manera:

«Si esto sigue de esta manera, la gente pronto podría degenerar». (Iósif Vissariónovich Dzhugashvili, Stalin; Actas de la discusión, 24 de abril de 1950)

Por todo esto, Stalin comentaría la publicación del entonces futuro «Manual de economía política»:

«Debido al insuficiente nivel de desarrollo marxista de la mayoría de los partidos comunistas de los demás países, un manual así sería también de gran utilidad a los cuadros comunistas no jóvenes de esos países». (Iósif Vissariónovich Dzhugashvili, Stalin; Problemas económicos del socialismo en la Unión Soviética, 1 de febrero de 1952)

2º La necesidad que veía de refutar teorías revisionistas.

Esta obra económica se consideró un duro golpe a los revisionistas de la Unión Soviética donde expresaban una creciente tendencia hacia la conciliación con el imperialismo y el relajamiento de la vigilancia; también fue un ataque contra los revisionistas de los países de las democracias populares donde algunos elementos expresaban tendencias de integración del kulak y la exageración de las particularidades nacionales. Los marxista-leninistas de las democracias populares –como Klement Gottwald, Bolesław Bierut y Enver Hoxha– reconocieron en la tribuna del XIXº

Congreso del PCUS celebrado pocos meses después que la publicación de la obra Stalin había dado un:

«Servicio de inestimable importancia para todos los partidos comunistas en el poder». (François Fejtő; Historia de las democracias populares, Tomo I: La era de Stalin 1945-1952, 1992)

El peso teórico de esta obra en la Unión Soviética fue de importancia cardinal hasta mediados de 1953, cuando se aplicaron las reformas económicas de Jruschov que entraban en contradicciones con el contenido de la obra y el marxismo-leninismo, poco después la obra empezó a desaparecer debido a la censura impuesta tras el XX° Congreso del PCUS de 1956, dejando que sólo aparecieran citas de la misma cuando la obra era criticada por los economistas revisionistas jruschovistas.

En el panorama internacional, el resto de revisionismos hicieron algo similar, de ser una obra ampliamente reconocida, y que por supuesto formalmente era promocionada por muchos elementos oportunistas y revisionistas antes de 1953, pasó a ser blanco de crítica de los mismos para poder así implantar sus teorías.

Entendiendo el contexto de la publicación de esta obra, esta viene precedida de una confrontación directa de Stalin contra las manifestaciones revisionistas cuyas teorías económicas incorporaban las bases que posibilitaban la degeneración ideológica de los cuadros y la restauración del capitalismo en la Unión Soviética. Esta obra se lanzaba, pues, tras la implacable lucha de Stalin en el interior contra las tesis revisionistas del soviético Voznesenski, o la lucha en el exterior contra las teorizaciones de Tito en Yugoslavia; recuperando ambos autores las tesis de Bujarin en la economía, tesis que precisamente Stalin ya había refutado en los años 30. Las que promovían «ley del valor» como rector en todas las esferas inclusive haciendo que la planificación económica girara en torno a ésta, la «descentralización económica», la «autonomía y rentabilidad de las empresas», la «predominancia del estimulo material al estimulo moral», la «venta de los medios de producción en las cooperativas», negar el carácter objetivo de las leyes de la economía política para satisfacer objetivos políticos subjetivos, y un sinfín de tesis similares que los revisionistas previos a la edición de esta obra, también los posteriores, hacían parte de su cuerpo teórico-práctico. Un ejemplo:

«La ley más elemental que rige los costos de producción y distribución de bienes es la ley del valor. (...) En la economía socialista de la ley del valor significa la necesidad de calcular y planificar en términos de dinero el costo de producción. (...) El plan del Estado en la Unión Soviética como sistema económico hace uso de la ley del valor para establecer las proporciones necesarias en la producción y distribución del trabajo social y el producto social. (...) La ley del valor opera no sólo en la producción, sino también en el intercambio de productos. En los precios en la economía socialista también son otro campo de la expresión monetaria del valor del producto, o su coste de producción y, en última instancia, de la cantidad de trabajo socialmente necesario invertido

en su producción. (...) La ley del valor opera también en la distribución del trabajo mismo entre las distintas ramas de la economía nacional de la Unión Soviética. (...) Las siguientes características distintivas deben tenerse en cuenta en cuanto a la planificación y organización de la producción en empresas industriales soviéticas durante el período de economía de guerra: la contabilidad de costes estricta, la ganancia y la pérdida contable, y reducción de los costes de producción. (...) Para lograr un nivel importante de la producción, es importante crear un sistema de premios de incentivo personal para elevar la producción. (...) El socialismo científico no niega la importancia en la economía socialista de la ley de valor, de los precios de mercado, de las ganancias y pérdidas en la contabilidad. (...) En cuanto a la contabilidad de pérdidas y ganancias que se representan en la economía soviética, no sólo no es contraria al sistema socialista de economía, sino que sirve como un estímulo importante para el desarrollo de la producción socialista, en la medida en que contribuye al crecimiento de las ganancias». (Alexander Voznesenski; La economía de guerra de la Unión Soviética durante la Gran Guerra; 1947)

En una sección de esta obra se critica los errados conceptos sobre la ley del valor o la negación de las leyes objetivas en la economía. Se trata de párrafos dedicados a las teorías de Voznesenski, aunque no se le nombra, pero se sabe que se refiere a él porque meses antes habían tenido agrias discusiones al respecto; además, las respuestas de Stalin en esta obra van dirigidas a economistas seguidores abiertos o encubiertos de estas teorías.

El ejercicio de Stalin para combatir las ideas económicas burguesas y pequeño burguesas de los revisionistas en el movimiento comunista fue enorme, y la presente obra no es una mera enunciación de ideas subjetivas, sino una lucha para defender la ideología proletaria y su proyecto de emancipación hasta la construcción de la sociedad sin clases, considerándose un tesoro teórico de gran interés.

Observaciones sobre cuestiones de economía relacionadas con la discusión de noviembre de 1951

A los participantes en la discusión sobre problemas de Economía.

Dispongo de todos los documentos relacionados con la discusión económica celebrada para apreciar el proyecto de manual de Economía Política. He recibido, entre esos documentos, las «Propuestas para mejorar el proyecto de manual de Economía Política», las «Propuestas para eliminar los errores y las inexactitudes» en el proyecto, y la «Relación de las cuestiones discutibles».

Estimo necesario hacer, respecto a todos estos materiales y también respecto al proyecto de manual, las siguientes observaciones.

1. EL CARÁCTER DE LAS LEYES ECONÓMICAS EN EL SOCIALISMO

Algunos camaradas niegan el carácter objetivo de las leyes de la ciencia, principalmente de las leyes de la Economía Política en el socialismo. Niegan que las leyes de la Economía Política reflejan el carácter regular de procesos que se operan de manera independiente a la voluntad de los hombres. Consideran que en virtud del papel especial que la historia ha asignado al Estado Soviético, éste y sus dirigentes pueden abolir las leyes de la economía política existentes, pueden «formar» nuevas leyes, «crear» nuevas leyes.

Esos camaradas se equivocan profundamente. Por lo visto, confunden las leyes de la ciencia, que reflejan procesos objetivos de la naturaleza o de la sociedad, procesos independientes de la voluntad de los hombres, con las leyes promulgadas por los gobiernos, creadas por la voluntad de los hombres y que tienen únicamente fuerza jurídica. Pero no se debe confundirlas de ningún modo.

El marxismo concibe las leyes de la ciencia --lo mismo si se trata de las leyes de las Ciencias Naturales que de las leyes de la Economía Política-- como reflejo de procesos objetivos que se operan independientemente de la voluntad de los hombres. Los hombres pueden descubrir estas leyes, llegar a conocerlas, estudiarlas, tomarlas en consideración al actuar y aprovecharlas en interés de la sociedad; pero no pueden modificarlas ni abolirlas. Y aun menos pueden formar o crear nuevas leyes de la ciencia.

¿Quiere decir eso que, por ejemplo, los efectos de la acción de las leyes naturales, los efectos de la acción de las fuerzas de la naturaleza sean en absoluto ineluctables, que las acciones destructivas de las fuerzas naturales tengan siempre y en todas partes la fuerza inexorable de elementos que no se someten a la influencia del hombre? No, no quiere decir eso. Si excluimos los procesos astronómicos, geológicos y otros análogos en los que los hombres, incluso cuando han llegado a conocer las leyes de su desarrollo, son verdaderamente impotentes para influir en ellos, en muchos otros casos los hombres no son, en absoluto, impotentes para influir en los procesos naturales. En todos esos casos, los hombres una vez han conocido las leyes de la naturaleza, pueden, tomándolas en consideración y apoyándose en ellas, utilizándolas y aprovechándolas debidamente, reducir la esfera de su acción, encauzar en otra dirección las fuerzas destructivas de la naturaleza y hacer que rindan provecho a la sociedad.

Tomemos un ejemplo entre muchos. En tiempos remotísimos, el desbordamiento de los grandes ríos, las inundaciones y la destrucción de viviendas y de sembrados, a las inundaciones aparejadas, considerábanse como una calamidad ineluctable, contra la que los hombres nada podían hacer. Sin embargo, con el transcurso del tiempo, al aumentar los conocimientos del hombre, cuando los hombres aprendieron a levantar diques y a construir centrales hidroeléctricas, se hizo posible preservar a la sociedad de calamidades como las inundaciones, que antes parecían ineluctables. Más aún, los hombres aprendieron a poner freno a las fuerzas destructivas de la naturaleza, a domarías, por decirlo así, a hacer que la fuerza del agua prestase servicio a la sociedad y a utilizarla para regar los campos y obtener energía.

¿Quiere decir eso que los hombres abolieron de esta manera las leyes de la naturaleza, las leyes de la ciencia, que crearon nuevas leyes de la naturaleza, nuevas leyes de la ciencia? No, no quiere decir eso. La realidad es que todo lo que se hace para prevenir la acción de la fuerza destructiva del agua y para utilizar esa fuerza en interés de la sociedad, hácese sin violar en lo más mínimo, modificar o destruir las leyes de la ciencia, sin crear nuevas leyes de la ciencia. Al contrario: todo eso se hace basándose estrictamente en las leyes de la naturaleza, en las leyes de la ciencia, pues cualquier infracción de las leyes de la naturaleza, aun la más mínima, conduciría únicamente a estropearlo todo, lo frustraría todo.

Lo mismo hay que decir de las leyes del desarrollo económico, de las leyes de la Economía Política, tanto si se trata del período del capitalismo, como del período del socialismo. Aquí, lo mismo que en las Ciencias Naturales, las leyes del desarrollo económico son leyes objetivas que reflejan los procesos del desarrollo económico, procesos que se operan independientemente de la voluntad de los hombres. Los hombres pueden descubrir esas leyes, llegar a conocerlas y, apoyándose en ellas, aprovecharlas en interés de la sociedad, encauzar en otra dirección la acción destructiva de algunas leyes, limitar la esfera de su acción, dar vía libre a otras leyes que van abriéndose camino; pero no pueden destruir unas leyes económicas y crear otras nuevas.

Una de las peculiaridades de la Economía Política consiste en que sus leyes no son duraderas, como las leyes de las Ciencias Naturales, pues las leyes de la Economía Política, por lo menos la mayoría de ellas, actúan en el transcurso de un período histórico determinado, y después ceden lugar a nuevas leyes. Pero las leyes económicas no son destruidas, sino que cesan de actuar debido a nuevas condiciones económicas y se retiran de la escena para dejar sitio a leyes nuevas, que no son creadas por la voluntad de los hombres, sino que nacen sobre la base de nuevas condiciones económicas.

Se invoca el «Anti-Dühring» de Engels, su fórmula de que, al ser liquidado el capitalismo y hechos propiedad común los medios de producción, los hombres dominan estos medios de producción y se liberan del yugo de las relaciones económicas sociales, convirtiéndose en «dueños» de su vida social. Engels llama a esa libertad «necesidad hecha conciencia». Pero, ¿qué puede significar «necesidad hecha conciencia»? Significa que los hombres, una vez han conocido las leyes objetivas («necesidad»), las utilizan, con plena conciencia de lo que hacen, en interés de la sociedad. Por eso Engels dice en esa misma obra que:

«Las leyes de sus propias acciones sociales, leyes que hasta ahora se oponían a los hombres como leyes extrañas, como leyes naturales que los tenían sometidos, serán aprovechadas por los hombres con pleno conocimiento de causa y, por tanto, serán dominadas por ellos».

Como puede verse, la fórmula de Engels no habla, ni mucho menos, en favor de quienes piensan que en el socialismo se puede destruir las leyes económicas existentes y crear otras nuevas. Al contrario: esa fórmula no exige que se destruyan las leyes económicas, sino que se las conozca y se las aproveche inteligentemente.

Se dice que las leyes económicas tienen un carácter espontáneo, que su acción es ineluctable, que la sociedad es impotente ante esas leyes. Eso no es cierto. Eso es hacer de las leyes un fetiche, entregarse a ellas como un esclavo. Está demostrado que la sociedad no es impotente ante las leyes económicas; que puede, apoyándose en ellas después de haber llegado a conocerlas, limitar la esfera de su acción, aprovecharlas en interés de la sociedad y «domarías», como ocurre con las fuerzas de la naturaleza y con sus leyes, como sucede en el ejemplo arriba citado del desbordamiento de los grandes ríos.

Se invoca el papel especial que corresponde al Poder Soviético en la construcción del socialismo y se dice que ese papel le permite destruir las leyes del desarrollo económico existentes y «formar» otras nuevas. Eso tampoco es cierto.

El papel especial del Poder Soviético se debe a dos circunstancias: en primer lugar, a que el Poder Soviético no tuvo que sustituir una forma de explotación por otra, como ocurrió en las viejas revoluciones, sino suprimir toda explotación; en segundo lugar, a que como en el país no existía ningún germen de economía socialista, el Poder Soviético tuvo que crear «en terreno virgen», por decirlo así, nuevas formas de economía, las formas socialistas de economía.

Era ésta, indudablemente, una tarea difícil y compleja, que no tenía precedente. Sin embargo, el Poder Soviético la cumplió con honor. Pero no la cumplió porque hubiera destruido las leyes económicas existentes y «formado» otras nuevas, sino únicamente porque se apoyó en la ley económica de la armonía obligatoria entre las relaciones de producción y el carácter de las fuerzas productivas. Las fuerzas productivas de nuestro país, particularmente en la industria, tenían carácter social, pero la forma de la propiedad era privada, capitalista. Basándose en la ley económica de la armonía obligatoria entre las relaciones de producción y el carácter de las fuerzas productivas, el Poder Soviético socializó los medios de producción, los hizo propiedad de todo el pueblo y de esta manera destruyó el sistema de la explotación y creó las formas socialistas de economía. De no haber existido esa ley y sin apoyarse en ella, el Poder Soviético no habría podido cumplir su tarea.

La ley económica de la armonía obligatoria entre las relaciones de producción y el carácter de las fuerzas productivas pugna por abrirse camino en los países capitalistas desde hace tiempo. Y si aún no se ha abierto camino y no tiene vía libre, es porque tropieza con la empeñadísima resistencia de las fuerzas sociales llamadas a desaparecer. Aquí nos encontrarnos con otra peculiaridad de las leyes económicas. A diferencia de las leyes de las Ciencias Naturales, en las que el descubrimiento y la aplicación de una nueva ley, casi no encuentra obstáculos en la esfera económica el descubrimiento y la aplicación de una nueva ley, como ella afecta a los intereses de las fuerzas sociales llamadas a desaparecer, choca con la resistencia tenacísima de esas fuerzas. Se necesita, por tanto, una fuerza, una fuerza social capaz de vencer esa resistencia. Esa fuerza fue en nuestro país la alianza de la clase obrera y de los campesinos, que representaban a la aplastante mayoría de la sociedad. Esa fuerza no existe aún en otros países, en los países capitalistas. Ese es el secreto de que el Poder Soviético consiguiese derrotar a las viejas fuerzas de la sociedad, de que la ley económica de la armonía obligatoria entre las relaciones de producción y el carácter de las fuerzas productivas obtuviera en nuestro país el más amplio campo para su desarrollo.

Se dice que la necesidad de un desarrollo armónico (proporcional) de la economía de nuestro país permite al Poder Soviético destruir las leyes económicas existentes y crear otras nuevas. Eso es completamente erróneo. No se puede confundir nuestros planes anuales y quinquenales con la ley económica objetiva del desarrollo armónico, proporcional, de la economía del país. La ley del desarrollo armónico de la economía surgió como oposición a la ley de la concurrencia y de la anarquía de la producción bajo el capitalismo. Surgió sobre la base de la socialización de los medios de producción, una vez hubo perdido su fuerza la ley de la concurrencia y de la anarquía de la producción. Entró en acción porque la economía socialista únicamente puede desarrollarse basándose en la ley económica del desarrollo armónico de la economía. Eso quiere decir que la ley del desarrollo armónico de la economía da a nuestros organismos correspondientes la posibilidad de planificar con acierto la producción social. Pero no se puede confundir la posibilidad con la realidad. Son dos cosas diferentes. Para convertir la posibilidad en realidad, hay que estudiar esa ley económica, hay que dominarla, hay que aprender a aprovecharla con entero conocimiento de causa, hay que confeccionar planes que reflejen con toda plenitud las exigencias de esa ley. No puede decirse que nuestros planes anuales y quinquenales reflejen plenamente las exigencias de esa ley económica.

Se dice que algunas leyes económicas, y entre ellas la ley del valor, que actúan en nuestro país, en el socialismo, son leyes «transformadas», e incluso «radicalmente transformadas» basándose en la economía planificada. Eso tampoco es cierto. Es imposible «transformar» las leyes, y menos aún «radicalmente». Si fuera posible transformarlas, también lo sería destruirlas, substituyéndolas por otras leyes. La tesis de la «transformación» de las leyes es un resabio de esa desacertada fórmula que habla de la «destrucción» y la «formación» de las leyes. Aunque la fórmula de la transformación de las leyes económicas hace ya tiempo que está en uso entre nosotros, tendremos que renunciar a ella, a fuer de exactos. Se puede limitar la esfera de acción de estas o aquellas leyes económicas, se puede prevenir sus acciones destructivas, en caso, naturalmente, de que las haya, pero no se puede «transformarlas» o «destruirlas».

Por consiguiente, cuando se habla de «sometimiento» de las fuerzas de la naturaleza o de las fuerzas económicas, de «dominio» sobre ellas, etc., etc., ello no quiere decir, ni mucho menos, que los hombres puedan «destruir» las leyes de la ciencia o «formarlas». Al contrario: ello sólo quiere decir que los hombres pueden descubrir las leyes, llegar a conocerlas, dominarlas, aprender a utilizarlas con pleno conocimiento de causa, aprovecharlas en interés de la sociedad y, de esa manera, someterlas, lograr dominarlas.

Así, pues, las leyes de la Economía Política en el socialismo son leyes objetivas que reflejan el carácter regular de los procesos de la vida económica, procesos que se operan independientemente de nuestra voluntad. Quien niega esta tesis, niega en el fondo la ciencia; y, al negar la ciencia niega toda posibilidad de previsión, es decir, niega la posibilidad de dirigir la vida económica.

Pueden decirnos que todo lo expuesto aquí es acertado y conocido por todo el mundo, pero que en ello no hay nada de nuevo y, por consiguiente, no vale la pena de perder tiempo repitiendo verdades tan sabidas. Naturalmente, aquí no hay, en efecto, nada nuevo, pero sería erróneo suponer que no vale la pena perder tiempo repitiendo algunas verdades ya sabidas. La realidad es, que a nosotros como núcleo dirigente, se suman cada año miles de cuadros nuevos de cuadros jóvenes, que arden en deseos de ayudarnos. que arden en deseos de mostrar lo que valen, pero que no tienen una preparación marxista suficiente, que no conocen muchas de las verdades para nosotros bien conocidas y se ven obligados a errar en la oscuridad. Les dejan atónitos las realizaciones colosales del Poder Soviético, les producen vértigo los extraordinarios éxitos del régimen soviético y se imaginan que el Poder Soviético «lo puede todo» que «nada le es difícil», que puede destruir las leyes de la ciencia y formar nuevas leyes. ¿Cómo debemos proceder con esos camaradas? ¿Cómo debemos educarles en el espíritu del marxismo-leninismo? Pienso que repetir de una manera sistemática las llamadas verdades «bien sabidas», explicarlas pacientemente es uno de los mejores medios para dar a esos camaradas una educación marxista.

2. LA PRODUCCIÓN MERCANTIL EN EL SOCIALISMO

Algunos camaradas afirman que el Partido procedió desacertadamente al mantener la producción mercantil después de haber tomado el Poder y nacionalizado los medios de producción en nuestro país. Consideran que el Partido debió suprimir en aquel mismo momento la producción mercantil. Esos camaradas invocan a Engels, que dice: «Cuando la sociedad tome en sus manos los medios de producción, será suprimida la producción mercantil y con ello el dominio de los productos sobre los productores» (véase: «Anti-Dühring»).

Esos camaradas se equivocan profundamente.

Analicemos la fórmula de Engels. No se puede considerar que la fórmula de Engels sea bien clara y exacta, pues en ella no se dice si la sociedad toma en sus manos todos los medios de producción o sólo parte de ellos, es decir, si todos los medios de producción pasan a ser patrimonio de todo el pueblo o si sólo pasa a serlo parte de ellos. Por tanto, esta fórmula de Engels puede ser entendida así y asa.

En otro lugar del «Anti-Dühring» Engels habla de la posesión de «todos los medios de producción», y de la posesión de «todo el conjunto de los medios de producción». Por tanto, Engels no se refiere en su fórmula a la nacionalización de parte de los medios de producción, sino de todos los medios de producción, es decir, a hacer patrimonio de todo el pueblo los medios de producción no sólo en la industria, sino también en la agricultura.

De aquí se desprende que Engels se refiere a países donde el capitalismo y la concentración de la producción están lo bastante desarrollados, no sólo en la industria, sino también en la agricultura, para que se pueda expropiar todos los medios de producción del país y hacer de ellos patrimonio del pueblo entero. Por consiguiente, Engels considera que en esos países se debería, paralelamente a la socialización de todos los medios de producción, suprimir la producción mercantil. Y eso, naturalmente, es acertado.

A fines del siglo pasado, cuando apareció el «Anti-Dühring», el único país así era Inglaterra donde el desarrollo del capitalismo y la concentración de la producción habían alcanzado, tanto en la industria como en la agricultura, un nivel que, en caso de tomar el Poder el proletariado, permitiría convertir en patrimonio del pueblo entero todos los medios de producción y suprimir la producción mercantil.

En este caso me abstraigo de la importancia que tiene para Inglaterra el comercio exterior, cuyo peso específico, en la economía nacional de ese país, es enorme. Pienso que sólo después de estudiar este problema se podría resolver definitivamente la cuestión de la suerte de la producción mercantil en Inglaterra una vez el proletariado hubiese tornado el Poder y nacionalizado todos los medios de producción.

Por cierto, no sólo a fines del siglo pasado, sino también en el presente ha alcanzado algún otro país el nivel de desarrollo del capitalismo y de concentración de la producción en la agricultura que observamos en Inglaterra. En lo que afecta a los demás países, en ellos, a pesar del desarrollo del capitalismo en el campo, hay aún en éste una clase bastante numerosa de propietarios productores pequeños y medios, cuya suerte tendría que decidirse en caso de que el proletariado tornase el Poder.

Pero surge la pregunta: ¿cómo deben proceder el proletariado y su Partido si en uno u otro país, incluido el nuestro, se dan condiciones favorables para que el proletariado torne el Poder y derroque el capitalismo, si en el país dado el capitalismo en la industria ha concentrado hasta tal punto los medios de producción que éstos pueden ser expropiados y puestos en manos de la sociedad, pero la agricultura, a pesar del desarrollo del capitalismo, está aún tan fraccionada entre numerosos propietarios productores pequeños y medios que no se puede plantear la cuestión de expropiar a esos productores?

La fórmula de Engels no responde a esta pregunta. Por cierto, no debe responder a ella, pues surgió sobre la base de otra cuestión, concretamente de la cuestión de cuál debe ser la suerte de la producción mercantil una vez socializados todos los medios de producción.

Así, pues, ¿cómo debemos proceder si no se han socializado todos los medios de producción, sino tan sólo una parte de ellos y existen condiciones favorables para que el proletariado tome el Poder?, ¿debe en tal caso el proletariado tomar el Poder?, ¿debe destruirse inmediatamente después de ello la producción mercantil?

Naturalmente, no se puede calificar de respuesta la opinión de algunos marxistas de pacotilla que estiman que en tales condiciones se debe renunciar a la toma del Poder y aguardar a que el capitalismo arruine a los millones de productores pequeños y medios, convirtiéndolos en jornaleros, y concentre los medios de producción en la agricultura; que únicamente después de esto se puede plantear la cuestión de la toma del Poder por el proletariado y de la socialización de todos los medios de producción. Claro está que los marxistas no pueden aceptar esa «salida» si no quieren cubrirse de vergüenza para siempre.

Tampoco se puede calificar de respuesta la opinión de otros marxistas de pacotilla que piensan que quizás se debería tomar el Poder y expropiar a los productores rurales pequeños y medios y socializar sus medios de producción. Los marxistas tampoco pueden seguir este camino descabellado y criminal, pues ello minaría toda posibilidad de victoria de la revolución proletaria y empujaría a los campesinos, por un largo período, al campo de los enemigos del proletariado.

La respuesta a esa cuestión la dio Lenin en sus trabajos acerca del «impuesto en especie» y en su famoso «plan de cooperación».

En pocas palabras, la respuesta de Lenin se reduce a lo siguiente:

a) no dejar escapar las condiciones favorables para la toma del Poder; el proletariado debe tomar el Poder sin esperar a que el capitalismo logre arruinar a los millones de productores individuales pequeños y medios;

b) expropiar los medios de producción en la industria y hacerlos patrimonio de todo el pueblo;

c) en cuanto a los productores individuales pequeños y medios, unirlos paulatinamente en cooperativas de producción, es decir, en grandes haciendas agrícolas, en koljoses;

d) desarrollar por todos los medios la industria y dar a los koljoses la base técnica moderna de la gran producción, con la particularidad de que no deben ser expropiados, sino, por el contrario, dotados intensamente de tractores y otras máquinas de primera calidad;

e) para la alianza económica de la ciudad y el campo, de la industria y la agricultura, se debe mantener por cierto tiempo la producción mercantil (el intercambio mediante la compraventa), como la única forma aceptable para los campesinos de vinculación económica a la ciudad, y desarrollar con toda amplitud el comercio soviético de Estado y cooperativo-koljosiano, desalojando del tráfico mercantil a todos los capitalistas sin excepción.

La historia de la construcción socialista en nuestro país demuestra que ese camino de desarrollo, trazado por Lenin, se ha justificado plenamente.

No cabe duda de que para todos los países capitalistas, en los que hay una clase más o menos numerosa de productores pequeños y medios, ese camino de desarrollo es el único posible, el único que asegura la victoria del socialismo.

Se dice que la producción mercantil deberá en todas las condiciones conducir, y que conducirá inevitablemente, al capitalismo. Eso no es cierto. Eso no ocurre siempre ni en todas las condiciones. No se puede identificar la producción mercantil con la producción capitalista. Son dos cosas distintas. La producción capitalista es la forma superior de la producción mercantil. La producción mercantil únicamente conduce al capitalismo si existe la propiedad privada sobre los medios de producción, si la fuerza de trabajo aparece en el mercado como una mercancía que el capitalista puede comprar y explotar en el proceso de la producción, si, por consiguiente, rige en el país el sistema de la explotación de los obreros asalariados por los capitalistas. La producción capitalista comienza allí donde los medios de producción están concentrados en manos privadas, y los obreros que no poseen medios de producción, se ven constreñidos a vender su fuerza de trabajo como una mercancía. Sin eso no hay producción capitalista.

Pues bien, si no existen esas condiciones que convierten la producción mercantil en producción capitalista, si los medios de producción no son ya propiedad privada, sino propiedad socialista, si el sistema del trabajo asalariado ya no rige y la fuerza de trabajo ha dejado de ser una mercancía, si hace ya tiempo que ha sido liquidado el sistema de explotación, ¿a qué atenerse?, ¿se puede considerar que la producción mercantil conducirá, a pesar de todo, al capitalismo? No, no se puede. Y nuestra sociedad es precisamente una sociedad donde hace ya mucho que no existen la propiedad privada sobre los medios de producción, el sistema del trabajo asalariado, el sistema de la explotación.

No puede considerarse la producción mercantil como algo que se baste a sí mismo, como algo independiente de las condiciones económicas circundantes. La producción mercantil es más vieja que la producción capitalista. Existió en el régimen esclavista y sirvió a ese régimen, y, sin embargo, no condujo al capitalismo. Existió en el feudalismo y sirvió a ese régimen, y, a pesar de que preparó ciertas condiciones para la producción capitalista, no condujo al capitalismo. Yo pregunto: ¿por qué no puede también la producción mercantil servir por cierto período a nuestra sociedad socialista sin conducir al capitalismo, si se tiene en cuenta que la producción mercantil no está ilimitadamente difundida en el país y no lo abarca todo, como en el capitalismo, si se tiene en cuenta que en nuestro país ha sido rigurosamente circunscrita gracias a condiciones económicas tan decisivas como la propiedad social sobre los medios de producción, la liquidación del sistema del trabajo asalariado, la liquidación del sistema de la explotación?

Se dice que, una vez establecido en nuestro país el dominio de la propiedad social sobre los medios de producción, que, una vez liquidado el sistema del trabajo asalariado y de la explotación, la existencia de la producción mercantil ha perdido su sentido y que, por ello, dicha producción debería ser suprimida.

Eso tampoco es cierto. Actualmente tenemos en nuestro país dos formas fundamentales de la producción socialista: la estatal, de todo el pueblo, y la koljosiana, a la que no se puede dar ese calificativo. En las empresas del Estado, los medios de producción y los productos son propiedad de todo el pueblo. En las empresas koljosianas, aunque los medios de producción (la tierra y las máquinas) pertenecen al Estado, los productos son propiedad de los distintos koljoses, pues allí la fuerza de trabajo, lo mismo, que las semillas, es de los koljoses, y éstos disponen de la tierra, que les ha sido cedida en usufructo perpetuo, como si fuera propiedad suya, a pesar de qué no pueden venderla ni comprarla, ni arrendarla, ni hipotecaría.

Esta circunstancia hace que el Estado únicamente pueda disponer de los productos de sus empresas, pues los koljoses disponen ellos mismos de su producción, como propiedad suya. Pero los koljoses no quieren enajenar sus productos como no sea bajo la forma de mercancías, a cambio de las cuales quieren recibir otras mercancías que necesitan. En el presente, los koljoses no aceptan más vínculos económicos con la ciudad que los vínculos mercantiles, que el intercambio mediante la compraventa. Por eso la producción mercantil y el tráfico de mercancías son hoy en nuestro país una necesidad, como lo era, por ejemplo, hace unos treinta años, cuando Lenin proclamó que era necesario desarrollar por todos los medios el tráfico de mercancías.

Naturalmente, cuando en lugar de los dos sectores principales de la producción, el estatal y el koljosiano, surja un solo sector que lo abarque todo y tenga derecho a disponer de toda la producción del país destinada al consumo, la circulación de mercancías, con su «economía monetaria», desaparecerá, como un elemento innecesario, de la economía nacional. Pero mientras no se haya llegado a eso, mientras existan los dos sectores principales de la producción, la producción mercantil y la circulación de mercancías deberán continuar en vigor, como un elemento necesario y muy útil de nuestro sistema de economía nacional. De qué modo se llegará a la creación de un sector único y unificado, si será mediante la simple absorción del sector koljosiano por el sector estatal, cosa poco probable (porque sería interpretado como la expropiación de los koljoses), o mediante la institución de un organismo económico nacional único (con representantes de la industria del Estado y de los koljoses), que tenga al principio el derecho de llevar la cuenta de toda la producción del país destinada al consumo y, posteriormente, también el de distribuir la producción, por ejemplo, mediante el intercambio de productos, es una cuestión especial que exige ser analizada aparte.

Por consiguiente, nuestra producción mercantil no es una producción mercantil habitual, sino una producción mercantil de tipo especial, una producción mercantil sin capitalistas, que en lo fundamental tiene que vérselas con las mercancías de productores socialistas unificados (el Estado, los koljoses y las cooperativas), una producción cuya esfera de acción está circunscrita a los objetos de consumo personal y que --es evidente-- no puede de ningún modo transformarse en producción capitalista y está llamada a contribuir, con su «economía monetaria», al desarrollo y al fortalecimiento de la producción socialista.

Por ello no tienen ninguna razón los camaradas que afirman que, si la sociedad socialista no suprime las formas mercantiles de la producción, deben ser restablecidas en nuestro país todas las categorías económicas propias del capitalismo: la fuerza de trabajo como mercancía, la plusvalía, el capital, el beneficio del capital, la norma media de beneficio, etc., etc. Esos camaradas confunden la producción mercantil con la producción capitalista y suponen que, si existe la producción mercantil, debe existir también la producción capitalista.

No comprenden que nuestra producción mercantil se distingue radicalmente de la producción mercantil en el capitalismo.

Más aún: yo pienso que es necesario rechazar algunos otros conceptos tornados de «El Capital» --obra en la que Marx analizaba el capitalismo-- y que han sido traídos por los pelos para aplicarlos a nuestras relaciones socialistas. Me refiero, entre otros, a los conceptos trabajo «indispensable» y «suplementario», producto «indispensable» y «suplementario», tiempo «indispensable» y «suplementario». Marx analizó el capitalismo para esclarecer la fuente de la explotación de la clase obrera, la plusvalía, y dar a la clase obrera, privada de medios de producción, un arma espiritual para derrocar el capitalismo. Se comprende que, al hacer ese análisis, Marx operara con conceptos (categorías) en plena correspondencia con las relaciones capitalistas. Pero resulta algo más que extraño operar con esos conceptos ahora que la clase obrera, lejos de estar privada del Poder y de los medios de producción, es, por el contrario, dueña del Poder y de los medios de producción.

Hoy, en nuestro régimen, resultan bastante absurdas las palabras acerca de la fuerza de trabajo como mercancía y de la «contrata» de obreros. Parece como si la clase obrera, dueña de los medios de producción, se contratara a sí misma y se vendiera a sí misma su fuerza de trabajo. Igualmente extraño resulta hablar hoy de trabajo «indispensable» y «suplementario». Parece como si en nuestras condiciones el trabajo entregado por los obreros a la sociedad para ampliar la producción, para fomentar la instrucción pública y la sanidad, para organizar la defensa, etc., no fuese tan indispensable a la clase obrera, que está hoy en el Poder, como el trabajo gastado en cubrir las necesidades personales del obrero y de su familia.

Conviene señalar que Marx, en su obra «Crítica del programa de Gotha» --obra en la que ya no analiza el capitalismo, sino, entre otras cosas, la primera fase de la sociedad comunista--, reconoce el trabajo entregado a la sociedad para ampliar la producción, para la instrucción pública, para la sanidad, para los gastos de administración, para crear reservas, etc., tan indispensable como el trabajo gastado en cubrir las necesidades de consumo de la clase obrera.

Pienso que nuestros economistas deben poner fin a ese desacuerdo entre los viejos conceptos y el nuevo estado de cosas que existe en nuestro país socialista, sustituyendo los viejos conceptos por conceptos nuevos, de acuerdo con el nuevo estado de cosas.

Ese desacuerdo se ha podido tolerar hasta cierto momento, pero ha llegado la hora en que, por fin, debemos liquidarlo.

3. LA LEY DEL VALOR
EN EL SOCIALISMO

A veces se pregunta si la ley del valor existe y actúa en nuestro país, en nuestro régimen socialista.

Sí, existe y actúa. Allí donde hay mercancías y producción mercantil no puede por menos de existir la ley del valor.

En nuestro país la ley del valor extiende su acción, ante todo, a la circulación de mercancías, al intercambio de mercancías mediante la compraventa, al intercambio, principalmente, de las mercancías de consumo personal. Aquí, en esta esfera, la ley del valor sigue desempeñando, naturalmente en ciertos límites, el papel de regulador.

Pero la acción de la ley del valor no queda limitada a la esfera de la circulación de mercancías. Se extiende también a la producción. Cierto es que en nuestra producción socialista la ley del valor no desempeña un papel regulador, pero, con todo y con eso, actúa sobre la producción, cosa que debe ser tenida en cuenta al dirigir ésta. La realidad es que los productos destinados al consumo, necesarios para cubrir los gastos de fuerza de trabajo en el proceso de la producción, se producen y se realizan en nuestro país como mercancías sometidas a la acción de la ley del valor. Aquí, precisamente, se pone de manifiesto la acción de la ley del valor sobre la producción. Por este motivo tienen hoy importancia para nuestras empresas cuestiones como el cálculo económico y la rentabilidad, el costo de producción, los precios, etc. Por eso nuestras empresas no pueden ni deben despreciar la ley del valor.

¿Es eso bueno? No es malo. En las condiciones actuales de nuestro país, no es malo, ni mucho menos, pues esa circunstancia enseña a los camaradas que trabajan en el dominio de la economía a dirigir de un modo racional la producción y los disciplina. No es malo porque enseña a los dirigentes de nuestra economía a calcular las magnitudes de la producción, a calcularías exactamente y a tener en cuenta con la misma exactitud las cosas reales en la producción, en vez de hablar y hablar de «datos aproximados», puro producto de la imaginación. No es malo porque enseña a los dirigentes de nuestra economía a buscar, encontrar y aprovechar las reservas ocultas en las entrañas de la producción y a no pasar por encima de ellas sin advertirías. No es malo porque enseña a los dirigentes de nuestra economía a mejorar sistemáticamente los métodos de producción, a reducir el costo de ésta, a aplicar el principio del cálculo económico y a esforzarse por conseguir que las empresas sean rentables. Esta es una buena escuela práctica, que acelera el desarrollo de los cuadros que trabajan en nuestra economía y su conversión en verdaderos dirigentes de la producción socialista en la actual etapa de desarrollo.

La desgracia no estriba en que la ley del valor actúa en nuestro país sobre la producción. La desgracia consiste en que los dirigentes de nuestra economía y los encargados de planificarla conocen mal, salvo raras excepciones, la acción de la ley del valor, no estudian esa acción y no saben tenerla en cuenta al hacer sus cálculos. A ello, precisamente, se debe la confusión que aún reina en cuanto a la política de precios. Daré un ejemplo entre muchos. Hace algún tiempo se resolvió regular, en interés del cultivo del algodón, la correlación de precios entre el algodón y los cereales, precisar los precios de los cereales que se venden a los cultivadores de algodón y elevar los precios del algodón que se entrega al Estado. En relación con ello, algunos dirigentes de nuestra economía y los camaradas que la planifican hicieron una propuesta que no pudo por menos de asombrar a los miembros del C.C, ya que en la propuesta el precio de una tonelada de trigo casi equivalía al de una tonelada de algodón, con la particularidad de que el precio de la tonelada de cereal se igualaba al precio de una tonelada de pan. Cuando los miembros del C.C. observaron que el precio de una tonelada de pan debía ser más alto que el de una tonelada de cereal, debido a los gastos complementarios de molienda y cochura y que el algodón, en general, era mucho más caro que el trigo, como lo atestiguan también los precios del algodón y del trigo en el mercado mundial, los autores de la propuesta no pudieron decir nada inteligible. En vista de ello, el C.C. tuvo que tomar el asunto en sus manos, reducir el precio del trigo y elevar el del algodón. ¿Qué habría ocurrido si la propuesta de esos camaradas hubiese entrado en vigor? Habríamos arruinado a los cultivadores de algodón y nos hubiésemos quedado sin este producto.

Pero, ¿quiere decir todo esto que la acción de la ley del valor tiene en nuestro país vía libre, como bajo el capitalismo, que la ley del valor es en nuestro país un regulador de la producción? No, no quiere decir eso. En realidad, la esfera de acción de la ley del valor está en nuestro régimen económico rígidamente circunscrita y limitada. Ya he dicho que la esfera de acción de la producción mercantil está en nuestro régimen circunscrita y limitada. Lo mismo hay que decir de la esfera de acción de la ley del valor. Es indudable que la ausencia de la propiedad privada sobre los medios de producción y que la socialización de estos medios tanto en la ciudad como en el campo no pueden por menos de limitar la esfera de acción de la ley del valor y su influencia en la producción.

En el mismo sentido actúa la ley del desarrollo armónico (proporcional) de la economía del país, que ha sustituido a la ley de la concurrencia y de la anarquía de la producción.

En el mismo sentido actúan nuestros planes anuales y quinquenales, y, en general, toda nuestra política económica, que se basan en las exigencias de la ley del desarrollo armónico de la economía del país.

Todo ello, sumado, hace que la esfera de acción de la ley del valor esté en nuestro país rigurosamente limitada y que en nuestro régimen la ley del valor no pueda desempeñar el papel de regulador de la producción.

Ello, precisamente, explica el hecho «asombroso» de que, a pesar del desarrollo ininterrumpido e impetuoso de nuestra producción socialista, la ley del valor no conduzca en nuestro país a crisis de superproducción, mientras esa misma ley del valor, que en el capitalismo tiene amplio campo de acción, conduce en los países capitalistas, a pesar del bajo ritmo del incremento de la producción en esos países, a crisis periódicas de superproducción.

Se dice que la ley del valor es una ley constante, obligatoria para todos los períodos del desarrollo histórico, y que, si pierde su fuerza como regulador de las relaciones de cambio en el período de la segunda fase de la sociedad comunista, conservará en esa fase de desarrollo su fuerza como regulador de las relaciones entre las distintas ramas de la producción, como regulador de la distribución del trabajo entre las ramas de la producción.

Eso es completamente equivocado. El valor, lo mismo que la ley del valor, es una categoría histórica vinculada a la existencia de la producción mercantil. Cuando la producción mercantil desaparezca, desaparecerán también el valor, en todas sus formas, y la ley del valor.

En la segunda fase de la sociedad comunista, la cantidad de trabajo invertido en la producción de productos no se medirá indirectamente, a través del valor y de sus formas, como ocurre en la producción mercantil, sino de manera directa e inmediata, por la cantidad de tiempo, por la cantidad de horas invertidas en la producción de los productos. En cuanto a la distribución del trabajo entre las ramas de la producción, no será regulada por la ley del valor, que entonces habrá perdido ya su fuerza, sino por el incremento de las necesidades de la sociedad en productos. Será esta una sociedad en la que las necesidades de la misma regularán la producción y el cálculo de esas necesidades adquirirá una importancia primordial para los organismos encargados de la planificación.

Es también completamente errónea la afirmación de que en nuestro sistema económico actual, en la primera fase de desarrollo de la sociedad comunista, la ley del valor regula las «proporciones» de la distribución del trabajo entre las distintas ramas de la producción.

Si ello fuera así, no se comprenderla por qué en nuestro país no se desarrolla al máximo la industria ligera, la más rentable, dándole preferencia frente a la industria pesada, que con frecuencia es menos rentable y a veces no lo es en absoluto.

Si ello fuera así, no se comprendería por qué en nuestro país no se cierran las empresas de la industria pesada que por el momento no son rentables y en las que el trabajo de los obreros no da el «resultado debido» y no se abren nuevas empresas de la industria ligera, indiscutiblemente rentable, en las que el trabajo de los obreros podría dar «mayor resultado».

Si eso fuera así, no se comprendería por qué en nuestro país no se pasa a los obreros de las empresas poco rentables, aunque muy necesarias para la economía nacional, a empresas más rentables, como debería hacerse de acuerdo con la ley del valor, a la que se atribuye el papel de regulador de las «proporciones» de la distribución del trabajo entre las ramas de la producción.

Es evidente que, de hacer caso a esos camaradas, tendríamos que renunciar a la primacía de la producción de medios de producción en favor de la producción de medios de consumo. ¿Y qué significa renunciar a la primacía de la producción de medios de producción? Significa suprimir la posibilidad de desarrollar ininterrumpidamente nuestra economía nacional, pues es imposible desarrollarla ininterrumpidamente si no se da preferencia a la producción de medios de producción.

Esos camaradas olvidan que la ley del valor sólo puede regular la producción bajo el capitalismo, cuando existen la propiedad privada sobre los medios de producción, la concurrencia, la anarquía de la producción y las crisis de superproducción. Olvidan que la esfera de acción 'de la ley del valor está limitada en nuestro país por la existencia de la propiedad social sobre los medios de producción, por la acción de la ley del desarrollo armónico de la economía y, por consiguiente, también por nuestros planes anuales y quinquenales, que son un reflejo aproximado de las exigencias de esta última ley.

Algunos camaradas deducen de aquí que la ley del desarrollo armónico de la economía del país y la planificación de la misma destruyen el principio de la rentabilidad de la producción. Eso es completamente erróneo. En realidad, ocurre todo lo contrario. Si consideramos la rentabilidad, no desde el punto de vista de esta o aquella empresa o rama de la producción, y no en el transcurso de un año, sino desde el punto de vista de toda la economía nacional y en un período, por ejemplo, de diez a quince años --ésta sería la única forma acertada de enfocar el problema--, veríamos que la rentabilidad temporal e inconsistente de esta o aquella empresa o rama de la producción no puede en absoluto compararse con la forma superior de rentabilidad, sólida y constante, que nos dan la acción de la ley del desarrollo armónico de la economía nacional y la planificación de la misma, librándonos de las crisis económicas periódicas, que destruyen la economía nacional y causan a la sociedad tremendos daños materiales, y asegurándonos el desarrollo ininterrumpido de la economía nacional y el elevado ritmo de este desarrollo.

En pocas palabras: no cabe duda de que en las condiciones socialistas de la producción que existen actualmente en nuestro país la ley del valor no puede «regular las proporciones» de la distribución del trabajo entre las distintas ramas de la producción.

4. LA SUPRESIÓN DE LA OPOSICIÓN ENTRE LA CIUDAD Y EL CAMPO, ENTRE EL TRABAJO INTELECTUAL Y EL TRABAJO MANUAL Y LA LIQUIDACIÓN DE LAS DIFERENCIAS ENTRE ELLOS

Este encabezamiento se refiere a varios problemas que se distinguen unos de otros esencialmente; sin embargo, yo los uno en un mismo capítulo, pero no para confundirlos, sino únicamente para ser más breve.

El problema de la supresión de la oposición entre la ciudad y el campo, entre la industria y la agricultura, es un problema conocido, planteado hace mucho por Marx y por Engels. La base económica de esta oposición es la explotación del campo por la ciudad, la expropiación de los campesinos y la ruina de la mayor parte de la población rural por todo el proceso de desarrollo de la industria, el comercio y el sistema de créditos en el capitalismo. Por eso la oposición entre la ciudad y el campo en el capitalismo debe ser considerada como una oposición de intereses. Sobre esta base nació la actitud hostil del campo hacia la ciudad y, en general, hacia «la gente de la ciudad».

Es indudable que con la destrucción del capitalismo y del sistema de explotación, con el fortalecimiento del régimen socialista, en nuestro país debía desaparecer también la oposición de intereses entre la ciudad y el campo, entre la industria y la agricultura. Así ha ocurrido, precisamente. La enorme ayuda prestada a nuestros campesinos por la ciudad socialista y por nuestra clase obrera para liquidar a los terratenientes y a los kulaks fortaleció la base de la alianza de la clase obrera y los campesinos, y el abastecimiento sistemático de los campesinos y de sus koljoses con tractores y otras máquinas de primera calidad ha convertido en amistad la alianza de la clase obrera y de los campesinos. Naturalmente, los obreros y los campesinos koljosianos constituyen dos clases que se distinguen por su situación. Pero esta diferencia no debilita en medida alguna su amistad. Por el contrario, están interesados en un mismo fin: el fortalecimiento del régimen socialista y la victoria del comunismo. Por ello no tiene nada de extraño que no quede ni rastro de la vieja desconfianza y, menos aún, del odio del campo hacia la ciudad.

Todo eso significa que la base de la oposición entre la ciudad y el campo, entre la industria y la agricultura, ha sido ya liquidada por nuestro actual régimen socialista.

Eso no significa, naturalmente, que la supresión de la oposición entre la ciudad y el campo deba conducir al «fenecimiento de las grandes ciudades (véase el «Anti-Dühring» de Engels). En vez de fenecer las grandes ciudades, aparecerán nuevas grandes ciudades, como centros del florecimiento superior de la cultura, como centros no sólo de la gran industria, sino de elaboración de los productos agrícolas y de poderoso desarrollo de todas las ramas de la industria de la alimentación. Esta circunstancia facilitará el florecimiento cultural del país y conducirá a que las condiciones de vida en la ciudad y en el campo sean las mismas.

Una situación análoga es la que existe en nuestro país con el problema de la supresión de la oposición entre el trabajo intelectual y el trabajo manual. Este es también un problema conocido, planteado hace tiempo por Marx y por Engels. La base económica de la oposición entre el trabajo intelectual y el trabajo manual es la explotación de los hombres dedicados al trabajo manual por los representantes del trabajo intelectual. Todo el mundo conoce el divorcio existente bajo el capitalismo entre los hombres dedicados en las empresas al trabajo manual y el personal dirigente. Se sabe que sobre la base de este divorcio se desarrolló la actitud hostil del obrero hacia el director, hacia el maestro, hacia el ingeniero y hacia otros representantes del personal técnico, a los que consideraba enemigos suyos. Se comprende que, al ser destruidos el capitalismo y el sistema de explotación, debía desaparecer también la oposición de intereses entre el trabajo manual y el trabajo intelectual. Y en nuestro actual régimen socialista ha desaparecido, efectivamente. Ahora los hombres dedicados al trabajo manual y el personal dirigente no son enemigos, sino camaradas y amigos, miembros de una misma comunidad de producción, interesados vitalmente en la prosperidad y en el mejoramiento de la producción. De su vieja enemistad no queda ni rastro.

Tiene un carácter completamente distinto el problema de la desaparición de las diferencias entre la ciudad (la industria) y el campo (la agricultura), entre el trabajo manual y el trabajo intelectual. Este problema no lo plantearon los clásicos del marxismo. Es un problema nuevo, planteado por la práctica de la construcción socialista en nuestro país.

¿No será éste un problema artificial? ¿Tiene para nosotros alguna importancia práctica o teórica? No se puede considerar este problema como un problema artificial. Al contrario es para nosotros un problema de la mayor importancia.

Si tomamos, por ejemplo, la diferencia entre la agricultura y la industria, veremos que en nuestro país no queda reducida a que las condiciones de trabajo sean en ellas distintas, sino, ante todo, principalmente, a que en la industria tenemos la propiedad de todo el pueblo sobre los medios de producción y los productos, mientras que en la agricultura no tenemos la propiedad de todo el pueblo, sino la propiedad de determinados grupos, de los koljoses. Ya hemos dicho que esta circunstancia conduce al mantenimiento de la circulación mercantil, y que sólo al desaparecer esta diferencia entre la industria y la agricultura podrá desaparecer la producción mercantil, con todas las consecuencias que de ello se derivan. Por tanto, no se puede negar que la desaparición de esta diferencia esencial entre la agricultura y la industria debe tener para nosotros una importancia de primer orden.

Lo mismo hay que decir del problema de la liquidación de la diferencia esencial entre el trabajo intelectual y el trabajo manual. Este problema también tiene para nosotros una importancia de primer orden. Antes de que la emulación socialista adquiriese un carácter masivo, la industria se desarrollaba a duras penas, y muchos camaradas incluso plantearon la necesidad de amenguar el ritmo de su desarrollo. Debíase todo ello, principalmente, a que el nivel cultural y técnico de los obreros era demasiado bajo y se encontraba muy a la zaga del nivel del personal técnico. Sin embargo, la cosa cambió radicalmente cuando la emulación socialista adquirió un carácter de masas. Precisamente después de ello avanzó la industria a ritmo acelerado. ¿Por qué la emulación socialista adquirió un carácter masivo? Porque entre los obreros aparecieron grupos de camaradas que no sólo asimilaron el mínimo de conocimientos técnicos indispensables, sino que fueron más lejos y se pusieron al nivel del personal técnico, empezaron a hacer observaciones a los peritos y a los ingenieros, a echar por tierra las normas existentes, por considerarlas caducas y a introducir normas nuevas, más modernas, etc., etc. ¿Qué habría ocurrido si en vez de algunos grupos de obreros hubiese sido la mayoría de éstos la que hubiese elevado su nivel cultural y técnico a la altura del nivel del personal técnico? Nuestra industria habría alcanzado cumbres inaccesibles para la industria de otros países. Por tanto, no se puede negar que la liquidación de la diferencia esencial entre el trabajo intelectual y el trabajo manual, mediante la elevación del nivel cultural y técnico de los obreros a la altura del nivel del personal técnico no puede por menos de tener para nosotros una importancia primordial.

Algunos camaradas afirman que, con el tiempo, no sólo desaparecerá la diferencia esencial entre la industria y la agricultura entre el trabajo manual y el trabajo intelectual, sino también toda diferencia entre ellos. Eso no es cierto. La liquidación de la diferencia esencial entre la industria y la agricultura no puede conducir a la liquidación de toda diferencia entre ellas. Indudablemente, seguirá existiendo alguna diferencia, aunque no esencial, debido a las diferencias en las condiciones de trabajo de la industria y de la agricultura. Incluso en la industria, si se consideran sus distintas ramas, las condiciones de trabajo no son en todas partes las mismas: las condiciones de trabajo en las minas de carbón, por ejemplo, se distinguen de las condiciones de trabajo de los obreros de una fábrica mecanizada de calzado; las condiciones de trabajo de los mineros se distinguen de las condiciones de trabajo de los obreros productores de máquinas. Si esto es cierto, con mayor razón debe conservarse cierta diferencia entre la industria y la agricultura.

Lo mismo hay que decir respecto a la diferencia entre el trabajo intelectual y el trabajo manual. La diferencia esencial entre ellos, es decir, la diferencia en cuanto al nivel cultural y técnico, desaparecerá, sin duda alguna. Pero, con eso y con todo eso, seguirá existiendo alguna diferencia, si bien no esencial, aunque sólo sea porque las condiciones de trabajo del personal dirigente de las empresas no son las mismas que las condiciones de trabajo de los obreros.

Los camaradas que afirman lo contrario se basan, por lo visto, en una conocida fórmula dada por mí en algunos trabajos y que habla de la liquidación de la diferencia entre la industria y la agricultura, entre el trabajo intelectual y el trabajo manual, sin puntualizar que se trata de la liquidación de la diferencia esencial, y no de toda diferencia. Precisamente así han comprendido esos camaradas mi fórmula, suponiendo que se trata de la liquidación de toda diferencia. Pero eso significa que la fórmula no era exacta, que no puede satisfacernos. Debemos desecharla y sustituirla por otra formulación, que diga que serán suprimidas las diferencias esenciales y subsistirán diferencias no esenciales entre la industria y la agricultura, entre el trabajo intelectual y el trabajo manual.

5. LA DISGREGACIÓN DEL MERCADO MUNDIAL ÚNICO Y EL AHONDAMIENTO DE LA CRISIS DEL SISTEMA CAPITALISTA MUNDIAL

La disgregación del mercado mundial único y omnímodo debe ser considerada como el resultado económico más importante de la segunda guerra mundial y de sus consecuencias económicas. Esta circunstancia determinó una profundización aún mayor de la crisis general del sistema capitalista mundial.

La misma segunda guerra mundial fue engendrada por esta crisis. Cada una de las dos coaliciones capitalistas que se enzarzaron durante la guerra, pensaba derrotar a su enemigo y conquistar la dominación del mundo. En esto buscaban la salida de la crisis. Los Estados Unidos pensaban poner fuera de combate a sus competidores más peligrosos, Alemania y el Japón, apoderarse de los mercados extranjeros y de los recursos mundiales de materias primas y conquistar la dominación del mundo.

Sin embargo, la guerra no justificó esas esperanzas. Cierto es que Alemania y el Japón quedaron fuera de combate como competidores de los tres países capitalistas más importantes: los Estados Unidos, Inglaterra y Francia. Pero, al mismo tiempo, se desgajaron del sistema capitalista China y las democracias populares de Europa, formando, con la Unión Soviética, el unido y poderoso campo socialista, opuesto al campo del capitalismo. Una consecuencia económica de la existencia de los dos campos opuestos ha sido la disgregación del mercado mundial único y omnímodo; tenemos hoy la existencia paralela de dos mercados mundiales, opuestos también el uno al otro.

Debemos señalar que los Estados Unidos, Inglaterra y Francia han contribuido ellos mismos, aunque sin quererlo, claro está, a la formación y al fortalecimiento del nuevo mercado mundial paralelo. Sometieron a un bloqueo económico a la

U.R.S.S., China y las democracias populares de Europa --que no entraron en el sistema del «plan Marshall»--, suponiendo que con su bloqueo lograrían estrangular a todos esos países. En realidad, en vez de ser estrangulado, el nuevo mercado mundial se ha fortalecido.

Ahora bien, la causa principal de lo dicho no es, claro está, el bloqueo económico, sino el hecho de que, en el período que ha seguido a la guerra, esos países se han agrupado estrechamente desde el punto de vista económico y han organizado la colaboración y la ayuda mutua en el dominio de la economía. La experiencia de esa colaboración demuestra que ningún país capitalista hubiera podido prestar a las democracias populares una ayuda tan eficaz y tan calificada desde el punto de vista técnico como la que les presta la Unión Soviética. No se trata sólo de que esa ayuda es barata en grado máximo y altamente calificada desde el punto de vista técnico. Se trata, ante todo, de que la base de esa colaboración es el sincero deseo de ayudarse mutuamente y de alcanzar un auge económico general. En consecuencia la industria de esos países ha logrado un elevado ritmo de desarrollo. Puede afirmarse que, dado ese ritmo de desarrollo de la industria, esos países pronto se pondrán a tal altura, que no necesitarán importar mercancías de los países capitalistas, sino que ellos mismos sentirán la necesidad de exportar las mercancías excedentes por ellos producidas.

Pero de aquí se desprende que la esfera de explotación de los recursos mundiales por los principales países capitalistas (los Estados Unidos, Inglaterra y Francia) no va a ampliarse, sino a reducirse, que las condiciones del mercado mundial de venta empeorarán para esos países, extendiendo y profundizando en ellos el fenómeno de las empresas que no trabajan a pleno rendimiento. En esto, justamente, consiste la profundización de la crisis general del sistema capitalista mundial, profundización relacionada con la disgregación del mercado mundial.

Eso lo perciben los propios capitalistas, pues es difícil no sentir la pérdida de mercados como la U.R.S.S. y China. Los capitalistas tratan de resarcirse de esas dificultades con el «plan Marshall», con la guerra en Corea, con la carrera armamentista y con la militarización de la industria. Pero lo que hace esa gente se parece mucho a lo de agarrarse a un clavo ardiendo.

Esa situación plantea ante los economistas dos problemas:

a) ¿Se puede afirmar que sigue todavía en pie la conocida tesis de Stalin respecto a la estabilidad relativa de los mercados en el período de la crisis general del capitalismo, tesis formulada antes de la segunda guerra mundial?

b) ¿Se puede afirmar que sigue todavía en pie la conocida tesis formulada por Lenin en la primavera de 1916 de que, a pesar de hallarse en proceso de descomposición, «el capitalismo se desarrolla en su conjunto con una rapidez inconmensurablemente mayor que antes»?

Pienso que eso no se puede afirmar. Debido a las nuevas condiciones, surgidas en relación con la segunda guerra mundial, hay que considerar que ambas tesis han envejecido.

6. LA INEVITABILIDAD DE LAS GUERRAS ENTRE LOS PAÍSES CAPITALISTAS

Algunos camaradas afirman que, debido al desarrollo de nuevas condiciones internacionales después de la segunda guerra mundial, las guerras entre los países capitalistas han dejado de ser inevitables. Consideran esos camaradas que las contradicciones entre el campo del socialismo y el campo del capitalismo son más fuertes que las contradicciones entre los países capitalistas; que los Estados Unidos dominan lo bastante a los demás países capitalistas para no dejarles combatir entre sí y debilitarse mutuamente; que los hombres más inteligentes del capitalismo han sido lo bastante aleccionados por la experiencia de las dos guerras mundiales --guerras que han causado serios perjuicios a todo el mundo capitalista-- para no permitirse arrastrar de nuevo a los países capitalistas a una guerra entre sí; y que, en virtud de todo eso, las guerras entre los países capitalistas han dejado de ser inevitables.

Esos camaradas se equivocan. Ven los fenómenos exteriores, que aparecen en la superficie, pero no advierten las fuerzas de fondo que, si por el momento actúan imperceptiblemente, serán, en fin de cuentas, las que determinen el desarrollo de los acontecimientos.

En apariencia, todo marcha «felizmente»: los Estados Unidos tienen a ración a la Europa Occidental, al Japón y a otros países capitalistas; Alemania (la del Oeste), Inglaterra, Francia, Italia y el Japón, que han caído en las garras de Estados Unidos, cumplen, sumisos, las órdenes de ese país. Pero sería un error suponer que ese «bienestar» puede subsistir «por los siglos de los siglos», que esos países soportarán siempre el dominio y el yugo de Estados Unidos y que no intentarán arrancarse de la esclavitud a que los tienen sometidos los norteamericanos y emprender un camino de desarrollo independiente.

Tomemos, ante todo, a Inglaterra y a Francia. Es indudable que son países imperialistas. Es indudable que las materias primas baratas y los mercados de venta asegurados tienen para ellos una importancia de primer orden. ¿Se puede suponer que esos países soportarán eternamente la situación actual, en la que los norteamericanos, al socaire de la «ayuda» según el «plan Marshall», penetran profundamente en la economía de Inglaterra y de Francia, con el afán de convertirla en un apéndice de la economía de los Estados Unidos? ¿Soportarán eternamente esos países que el capital norteamericano eche la zarpa a las materias primas y a los mercados de venta en las colonias anglo-francesas y prepare de este modo una catástrofe para los elevados beneficios de los capitalistas anglo-franceses? ¿No será más acertado decir que la Inglaterra capitalista y, tras ella, la Francia capitalista se verán, en fin de cuentas, obligadas a arrancarse del abrazo de los Estados Unidos y a tener un conflicto con ellos para asegurarse una situación independiente y, claro está, elevados beneficios?

Pasemos a los principales países vencidos, a Alemania (la del Oeste) y al Japón. Estos países arrastran hoy una existencia miserable bajo la bota del imperialismo norteamericano. Su industria y su agricultura, su comercio y su política exterior e interior, toda su vida se ve encadenada por el «régimen» norteamericano de ocupación. Y esos países todavía ayer eran grandes potencias imperialistas, que sacudieron los fundamentos del dominio de Inglaterra, los Estados Unidos y Francia en Europa y en Asia. Suponer que esos países no tratarán de ponerse en pie otra vez, de dar al traste con el «régimen» de los Estados Unidos y de abrirse paso hacia un camino de desarrollo independiente, significa creer en milagros.

Se dice que las contradicciones entre el capitalismo y el socialismo son más fuertes que las contradicciones entre los países capitalistas. Teóricamente, eso es acertado, claro está. Y no sólo lo es ahora, hoy día, sino que lo era también antes de la segunda guerra mundial. Y, más o menos, eso lo comprendían los dirigentes de los países capitalistas. Sin embargo, la segunda guerra mundial no empezó por una guerra contra la U.R.S.S., sino por una guerra entre países capitalistas. ¿Por qué? En primer término, porque la guerra contra la U.R.S.S., como el país del socialismo, es más peligrosa para el capitalismo que la guerra entre países capitalistas, pues si la guerra entre países capitalistas sólo plantea la cuestión del predominio de unos países capitalistas sobre otros países capitalistas, la guerra contra la U.R.S.S. debe plantear inevitablemente la cuestión de la existencia del propio capitalismo. En segundo término, porque los capitalistas, aunque con fines de «propaganda» alborotan acerca de la agresividad de la Unión Soviética, no creen ellos mismos lo que dicen, pues tienen en cuenta la política pacífica de la Unión Soviética y saben que este país no agredirá a los países capitalistas.

Después de la primera guerra mundial considerábase también que Alemania había sido puesto fuera de combate para siempre, como algunos camaradas piensan hoy del Japón y de Alemania.

Entonces también se hablaba y se alborotaba en la prensa diciendo que los Estados Unidos tenían a Europa a ración, que Alemania no podría ponerse de nuevo en pie y que no habría ya más guerras entre los países capitalistas. Sin embargo, a pesar de todas esas consideraciones, Alemania levantó cabeza y se puso en pie como una gran potencia al cabo de unos quince o veinte años después de su derrota, arrancándose a la esclavitud y emprendiendo el camino de un desarrollo independiente. Es muy sintomático que fueran precisamente Inglaterra y los Estados Unidos quienes ayudaron a Alemania a resurgir económicamente y a elevar su potencial económico militar. Claro está que, al ayudar a Alemania a ponerse en pie económicamente, los Estados Unidos e Inglaterra pensaban orientar a Alemania, una vez repuesta, contra la Unión Soviética, utilizarla contra el país del socialismo. Sin embargo, Alemania dirigió sus fuerzas, en primer término, contra el bloque anglo-franco-norteamericano. Y cuando la Alemania hitleriana declaró la guerra a la Unión Soviética, el bloque anglo-franco-norteamericano, no sólo no se unió a la

Alemania hitleriana, sino que, por el contrario, se vio constreñido a formar una coalición con la U.R.S.S., contra la Alemania hitleriana.

Por tanto, la lucha de los países capitalistas por los mercados y el deseo de hundir a sus competidores resultaron prácticamente más fuertes que las contradicciones entre el campo del capitalismo y el campo del socialismo.

Se pregunta: ¿qué garantía puede haber de que Alemania y el Japón no vuelvan a ponerse en pie, de que no traten de escapar de la esclavitud norteamericana y de vivir una vida independiente? Pienso que no hay tales garantías.

Pero de aquí se desprende que la inevitabilidad de las guerras entre los países capitalistas sigue existiendo.

Se dice que la tesis de Lenin relativa a que el imperialismo engendra inevitablemente las guerras debe considerarse caducada, por cuanto en el presente han surgido poderosas fuerzas populares que actúan en defensa de la paz, contra una nueva guerra mundial. Eso no es cierto.

El presente movimiento pro paz persigue el fin de levantar a las masas populares a la lucha por mantener la paz, por conjurar una nueva guerra mundial. Consiguientemente, ese movimiento no persigue el fin de derrocar el capitalismo y establecer el socialismo, y se limita a los fines democráticos de la lucha por mantener la paz. En este sentido, el actual movimiento por mantener la paz se distingue del movimiento desarrollado en el período de la primera guerra mundial por la transformación de la guerra imperialista en guerra civil, pues este último movimiento iba más lejos y perseguía fines socialistas.

Es posible que, de concurrir determinadas circunstancias, la lucha por la paz se desarrolle hasta transformarse, en algunos lugares, en lucha por el socialismo, pero eso no sería ya el actual movimiento pro paz, sino un movimiento por derrocar el capitalismo.

Lo más probable es que el actual movimiento pro paz, como movimiento para mantener la paz, conduzca, en caso de éxito, a conjurar una guerra concreta, a aplazarla temporalmente, a mantener temporalmente una paz concreta, a que dimitan los gobiernos belicistas y sean sustituidos por otros gobiernos, dispuestos a mantener temporalmente la paz. Eso, claro es, está bien. Eso incluso está muy bien. Pero todo ello no basta para suprimir la inevitabilidad de las guerras en general entre los países capitalistas. No basta, porque, aun con todos los éxitos del movimiento en defensa de la paz, el imperialismo se mantiene, continúa existiendo, y, por consiguiente, continúa existiendo también la inevitabilidad de las guerras.

Para eliminar la inevitabilidad de las guerras hay que destruir el imperialismo.

7. LAS LEYES ECONÓMICAS FUNDAMENTALES DEL CAPITALISMO MODERNO Y DEL SOCIALISMO

Sabido es que la cuestión relativa a las leyes económicas fundamentales del capitalismo y del socialismo ha sido planteada reiteradas veces en el transcurso de la discusión. A este respecto se han manifestado opiniones diversas, incluso las más fantásticas. Por cierto, la mayoría de los camaradas que han participado en la discusión ha reaccionado débilmente ante este problema, y no se ha perfilado ninguna solución. No obstante, ninguno de los camaradas ha negado la existencia de esas leyes.

¿Existe una ley económica fundamental del capitalismo? Sí, existe. ¿Qué ley es ésa?, ¿cuáles son sus rasgos característicos? La ley económica fundamental del capitalismo es una ley que no determina un aspecto aislado o unos procesos aislados del desarrollo de la producción capitalista, sino todos los aspectos y todos los procesos mas importantes de ese desarrollo; por tanto, determina el fondo de la producción capitalista, su esencia.

¿No será la ley del valor la ley económica fundamental del capitalismo? No. La ley del valor es, ante todo, una ley de la producción mercantil. Existió antes del capitalismo y sigue existiendo, lo mismo que la producción mercantil, después del derrocamiento del capitalismo, como ocurre, por ejemplo, en nuestro país, si bien es cierto que con una esfera de acción limitada. Naturalmente, la ley del valor, que tiene una amplia esfera de acción en el capitalismo, desempeña un gran papel en el desarrollo de la producción capitalista pero no sólo no determina la esencia de la producción capitalista ni los fundamentos del beneficio capitalista, sino que ni siquiera plantea esos problemas. Por eso, no puede ser la ley económica fundamental del capitalismo moderno.

Con las mismas razones no pueden ser tampoco la ley económica fundamental del capitalismo la ley de la concurrencia y de la anarquía de la producción ni la ley del desarrollo desigual del capitalismo en los diferentes países.

Se dice que la ley de la norma media de beneficio es la ley económica fundamental del capitalismo moderno. Eso no es cierto. El capitalismo moderno, el capitalismo monopolista, no puede darse por satisfecho con el beneficio medio, que, además, tiene la tendencia a bajar debido a la elevación de la composición orgánica del capital. El capitalismo monopolista moderno no exige el beneficio medio sino el beneficio máximo, necesario para llevar a cabo más o menos regularmente la reproducción ampliada.

Lo que más cerca está del concepto ley económica fundamental del capitalismo es la ley de la plusvalía, ley del nacimiento y del incremento del beneficio capitalista. Esa ley predetermina, efectivamente, los rasgos principales de la producción capitalista. Pero la ley de la plusvalía es demasiado general, y no toca los problemas de la norma superior de beneficio cuyo aseguramiento es condición del desarrollo del capitalismo monopolista. Para llenar esta laguna hay que concretar la ley de la plusvalía y desarrollarla de acuerdo con las condiciones del capitalismo monopolista, teniendo en cuenta que el capitalismo monopolista no exige cualquier beneficio, sino el beneficio máximo. Esa, precisamente, será la ley económica fundamental del capitalismo moderno.

Los rasgos principales y las exigencias de la ley económica fundamental del capitalismo moderno podrían formularse, aproximadamente, como sigue: asegurar el máximo beneficio capitalista, mediante la explotación, la ruina y la depauperación de la mayoría de los habitantes del país dado, mediante el avasallamiento y el saqueo sistemático de los pueblos de otros países, principalmente de los países atrasados, y, por último, mediante las guerras y la militarización de la economía nacional, a las que se recurre para asegurar el máximo de beneficio.

Se dice que el beneficio medio podría considerarse, sin embargo, por completo suficiente para el desarrollo capitalista en las condiciones actuales. Eso no es cierto. El beneficio medio es el nivel inferior de la rentabilidad, por debajo del cual la producción capitalista es imposible. Pero sería ridículo suponer que los jerifaltes del capitalismo monopolista moderno tratan únicamente, al ocupar las colonias, esclavizar a los pueblos y gestar guerras, de asegurarse meramente el beneficio medio. No, no es el beneficio medio ni son los superbeneficios, que únicamente representan, como regla, cierta superación del beneficio medio, sino el beneficio máximo, concretamente, el motor del capitalismo monopolista. Precisamente la necesidad de obtener beneficios máximos empuja al capitalismo monopolista a dar pasos tan arriesgados como el sojuzgamiento y el saqueo sistemático de las colonias y de otros países atrasados, la conversión de países independientes en países dependientes, la organización de nuevas guerras --que son para los jerifaltes del capitalismo moderno el mejor «business» para obtener beneficios máximos-- y, por último, los intentos de conquistar la dominación económica del mundo.

La importancia de la ley económica fundamental del capitalismo consiste, entre otras cosas, en que, al determinar todos los fenómenos más importantes del desarrollo del modo de producción capitalista --sus ascensos y sus crisis, sus victorias y sus reveses, sus virtudes y sus defectos: todo su contradictorio desarrollo--, permite comprenderlos y explicarlos.

He aquí uno de los numerosos y «sorprendentes» ejemplos.

Todo el mundo conoce hechos de la historia y de la práctica del capitalismo que demuestran el impetuoso desarrollo de la técnica en el capitalismo, hechos en los que los capitalistas aparecen como abanderados de la técnica avanzada, como revolucionarios en el dominio del desarrollo de la técnica de la producción. Pero también se conocen hechos de otro género, que evidencian altos en el desarrollo de la técnica en el capitalismo, hechos en que los capitalistas aparecen como reaccionarios en el dominio del desarrollo de la nueva técnica y pasan con frecuencia al trabajo a mano.

¿A qué se deben estas flagrantes contradicciones? Unicamente pueden deberse a la ley económica fundamental del capitalismo moderno, es decir, a la necesidad de obtener beneficios máximos. El capitalismo es partidario de la nueva técnica cuando ésta le promete los mayores beneficios. El capitalismo es contrario a la nueva técnica y partidario del paso al trabajo a mano cuando la nueva técnica deja de prometerle los mayores beneficios.

Así están las cosas en cuanto a la ley económica fundamental del capitalismo moderno.

¿Existe una ley económica fundamental del socialismo? Sí, existe. ¿En qué consisten los rasgos esenciales y las exigencias de esta ley? Los rasgos esenciales y las exigencias de la ley económica fundamental del socialismo podrían formularse, aproximadamente, como sigue: asegurar la máxima satisfacción de las necesidades materiales y culturales, en constante ascenso, de toda la sociedad, mediante el desarrollo y el perfeccionamiento ininterrumpidos de la producción socialista sobre la base de la técnica más elevada.

Por consiguiente, en vez de asegurar los beneficios máximos, asegurar la máxima satisfacción de las necesidades materiales y culturales de la sociedad; en vez de desarrollar la producción con intermitencias del ascenso a la crisis y de la crisis al ascenso, desarrollar ininterrumpidamente la producción; en vez de intermitencias periódicas en el desarrollo de la técnica, acompañadas de la destrucción de las fuerzas productivas de la sociedad, el perfeccionamiento ininterrumpido de la producción la base de la técnica más elevada.

Se dice que la ley económica fundamental del socialismo es la ley del desarrollo armónico, proporcional, de la economía nacional. Eso no es cierto. El desarrollo armónico de la economía nacional y, por tanto, la planificación de la misma, que es un reflejo más o menos fiel de esta ley, de por sí no dan nada, si no se sabe en nombre de qué tarea se desarrolla planificadamente la economía nacional, o si esa tarea no se tiene clara. La ley del desarrollo armónico de la economía sólo puede dar el resultado debido cuando existe una tarea en nombre de la cual se desarrolla planificadamente la economía nacional. Esa tarea no puede ofrecerla la propia ley del desarrollo armónico de la economía nacional. Y menos aún puede hacerlo la planificación de la economía nacional. Esa tarea se encierra en la ley económica fundamental del socialismo, bajo la forma de sus exigencias arriba expuestas. Por eso la acción de la ley del desarrollo armónico de la economía nacional únicamente puede tener vía libre en el caso de que se apoye en la ley económica fundamental del socialismo.

En cuanto a la planificación de la economía nacional, ésta sólo puede obtener buenos resultados si observa dos condiciones:

a) si refleja acertadamente las exigencias de la ley del desarrollo armónico de la economía nacional;

b) si está de acuerdo en todo con las exigencias de la ley económica fundamental del socialismo.

8. OTRAS CUESTIONES

1. La coacción no económica bajo el feudalismo.

Naturalmente, la coacción no económica desempeñó cierto papel en el fortalecimiento del poder económico de los terratenientes feudales; sin embargo, la base del feudalismo no fue esa coacción, sino la propiedad feudal sobre la tierra.

2. La propiedad personal del hogar koljosiano.

No sería justo decir en el proyecto de libro de texto que «cada hogar koljosiano posee en usufructo personal una vaca, ganado menor y aves de corral». Como es sabido, la vaca, el ganado menor, las aves, etc., no se poseen en realidad en usufructo personal sino que son propiedad personal del hogar koljosiano. La expresión «en usufructo personal» ha sido tomada, por lo visto, del Estatuto Modelo del artel agrícola. Pero en el Estatuto Modelo del artel agrícola se incurrió en un error. La Constitución de la U.R.S.S., que fue elaborada con más minuciosidad, dice otra cosa, a saber:

Cada hogar koljosiano... posee en propiedad personal una economía auxiliar, casa-vivienda, ganado productivo, aves de corral y aperos de labranza menudos.

Esto, naturalmente, es acertado.

Debería además decirse, y con detalle, que cada koljosiano posee en propiedad personal de una a tantas vacas, según las regiones; tantas y tantas ovejas, tantas y tantas cabras, tantos y tantos cerdos (indicando las cifras mínimas y máximas, según las regiones) y un número ilimitado de aves de corral (patos, gansos, gallinas, pavos).

Estos detalles tienen gran importancia para nuestros camaradas de otros países que quieren saber con exactitud qué le ha quedado concretamente al hogar koljosiano en propiedad personal, después de haber sido colectivizada en nuestro país la agricultura.

3. El valor del arriendo pagado por los campesinos a los terratenientes y el valor de los gastos de compra de la tierra.

En el proyecto de manual se dice que, como resultado de la nacionalización de la tierra, «los campesinos se vieron eximidos del pago de arriendos a los terratenientes por una suma total de unos 500.000.000 de rublos anuales» (es necesario indicar «rublos oro»). Haría falta precisar esta cifra, pues, según me parece, no comprende la suma total de arrendamiento en toda Rusia, sino solamente en la mayor parte de sus provincias. A la vez, hay que tener en cuenta que en algunas regiones periféricas de Rusia el pago del arriendo se hacía en especie, cosa que, según parece, no ha sido tomada en consideración por los autores del proyecto de manual. Además, es necesario no olvidar que los campesinos no sólo se vieron eximidos del pago del arriendo, sino también de los gastos anuales de compra de la tierra. ¿Se ha tenido en cuenta esto en el proyecto de manual? Me parece que no se ha tenido en cuenta, aunque hubiera sido necesario tenerlo.

4. La ensambladura de los monopolios con el aparato de Estado.

La expresión «ensambladura» no es exacta. Es una expresión que registra de modo superficial y descriptivo el acercamiento de los monopolios y del Estado, pero no revela el sentido económico de ese acercamiento. Se trata de que en el proceso de ese acercamiento no se produce una simple ensambladura, sino la subordinación del aparato de Estado a los monopolios. Por esa razón, procedería desechar la palabra «ensambladura» y sustituirla por las palabras «subordinación del aparato de Estado a los monopolios».

5. El empleo de la maquinaria en la U.R.S.S.

En el proyecto de manual se dice que «las máquinas se emplean en la U.R.S.S. en todos los casos en que economizan el trabajo a la sociedad». No es eso, ni mucho menos, lo que procedería decir. En primer lugar, las máquinas, en la U.R.S.S., siempre economizan trabajo a la sociedad, y por ello no conocemos ningún caso en que no economicen en nuestro país ese trabajo. En segundo lugar, las máquinas no sólo economizan trabajo, sino que, a la vez, facilitan la labor de los trabajadores, y por ello en nuestro país, a diferencia de los países capitalistas, los obreros utilizan muy gustosamente las máquinas en su trabajo.

Hubiera procedido decir, por tanto, que en ninguna parte se emplea la maquinaria de tan buena gana como en la U.R.S.S., pues las máquinas economizan trabajo a la sociedad y facilitan la labor de los obreros, y, como en la U.R.S.S. no hay paro, los obreros emplean gustosamente las máquinas en la economía nacional.

6 . La situación material de la clase obrera en los países capitalistas.

Cuando se habla de la situación material de la clase obrera se tiene habitualmente en cuenta a los obreros ocupados, dejando a un lado la situación material del llamado ejército de reserva de los sin trabajo. ¿Es acertada esa forma de tratar el problema de la situación material de la clase obrera? Yo creo que no es acertada. Si existe un ejército de reserva de desocupados, cuyos componentes carecen de otro medio de vida que no sea la venta de su fuerza de trabajo, los desocupados no pueden por menos de formar parte de la clase obrera, y, si forman parte de ella, su situación de miseria no puede dejar de influir en la situación material de los obreros ocupados. Yo creo, por ello, que, al caracterizar la situación material de la clase obrera en los países capitalistas, se hubiera debido tener también en cuenta la situación del ejército de reserva de los obreros parados.

7. La renta nacional.

Pienso que es indispensable incluir en el proyecto de manual un capítulo nuevo sobre la renta nacional.

8. Sobre la inclusión en el manual de un capítulo especial acerca de Lenin y Stalin como fundadores de la Economía Política del socialismo.

Yo pienso que se debe excluir del manual el capítulo «La doctrina marxista del socialismo. V.I. Lenin y J. V. Stalin, fundadores de la Economía Política del socialismo». Es por completo innecesario en el manual, ya que no aporta nada nuevo y es sólo una pobre repetición de lo que los capítulos anteriores explican con mayor detalle.

En cuanto a las demás cuestiones, no tengo ninguna observación que hacer a las «Propuestas» de los camaradas Ostrovitiánov, Leóntiev, Shepílov, Gatovski y otros.

I. STALIN

Noviembre de 1951

9 7 9 8 6 5 5 6 4 7 1 3 8